나의 첫 역사책 14

조선을 뒤흔든
두 번의 전쟁

이현 글 | 정인성·천복주 그림

휴먼
어린이

조선 왕실은 바람 잘 날 없었습니다.
세종의 아들 문종은 젊은 나이에 세상을 떠났고,
그 아들 단종은 삼촌 손에 왕위를 빼앗겼어요.
조카를 쫓아낸 세조는 오랫동안 왕위를 지켰지만,
그 아들 예종은 일찍 세상을 떠났어요.

다음으로 성종이 나라를 잘 다스렸지만,
그 아들 연산군은 못된 짓을 일삼다 신하들에 의해 왕위에서 쫓겨났지요.
중종 다음인 인종은 왕이 된 지 일 년 만에 목숨을 잃었고,
명종은 오랫동안 아들을 얻지 못했어요.
왕실이 어지러우니 나라의 형편도 좋지 못했어요.

신하들은 높은 자리를 차지하려고 편을 갈라 싸워 댔어요.

양반들은 제 욕심만 차리며 백성들을 괴롭혔어요.

백성들은 힘든 나날을 보내야 했어요.

나라에 세금을 바치고, 땅 주인에게 땅을 빌린 값을 바치고,

임금을 위해 귀한 음식을 바쳐야 했어요.

굶주림에 지친 채 성을 쌓는 일에 끌려가거나

병사로 나가기도 했어요.

"배가 고파서 창을 들 기운도 없어……."
"머리, 어깨, 무릎, 발, 안 아픈 데가 없어……."
"우리 애들은 굶고 있을 거야. 내가 이렇게 끌려와 있으니 대체 누가 농사를 짓겠어? 흑흑흑."

병사들은 집에 돌아가고 싶은 생각뿐이었어요.
장군들도 제 욕심을 차리기만 바빴어요.
왕도, 신하들도 힘든 병사들의 처지를 돌봐 주지 않았습니다.

이렇게 나라가 어지러운 때에 왕도 병이 들었어요.
그런데 명종에게는 왕위를 물려줄 아들이 없었어요.
명종은 친척인 덕흥군의 세 아들을 궁궐로 불러들였어요.
속마음을 숨긴 채 이런저런 이야기를 나누었어요.
그러다 문득 왕의 모자인 익선관을 벗어들고 말했어요.

"모처럼 대궐에 들었으니 이걸 한번 써 보거라."
"정말 그래도 됩니까?"
"영광이옵니다, 전하!"

두 형은 몹시 기뻐하며 얼른 익선관을 써 보았어요.
그런데 막내인 하성군은 다른 대답을 했어요.

"왕께서 쓰시는 익선관을 감히 어찌 신하가 쓰겠습니까?"

명종은 하성군이 마음에 들었어요.
어리지만 영특하고 신중하다고 생각했지요.
명종은 하성군에게 왕위를 물려주었어요.
하성군이 조선의 열네 번째 왕 선조입니다.

그 무렵 바다 건너 일본은 하나의 나라로 통일되었습니다.
여러 개의 나라로 쪼개어져 오랫동안 전쟁을 일삼다
마침내 도요토미 히데요시가 전쟁을 끝낸 거였어요.
그리고 도요토미 히데요시는 나라 밖으로 눈을 돌렸지요.

"자칫하다 또 싸움이 일어나면 큰일이지.
차라리 나라 밖으로 나가서 전쟁을 하는 게 낫지. 어디 보자……."

도요토미 히데요시는 일본보다 훨씬 큰 나라인 중국을 넘보았어요.
그 너머 인도까지 탐냈다고도 해요.
우선 조선을 지나야 했어요.
도요토미 히데요시는 조선에 요구했어요.

"우리 일본군이 중국으로 가려고 하니 조선은 길을 내주시오!"

도요토미 히데요시의 말을 듣고 선조는 몹시 화를 냈어요.

"노략질●이나 일삼던 일본 따위가 감히 건방지게!"

신하들도 왕과 마찬가지였어요.

"중국을 치러 가는 길을 내어 달라니, 이는 우리 조선을 우습게 아는 것입니다!"
"중국은 우리 조선의 아버지나 다름없습니다!"

● **노략질** 떼를 지어 다니며 사람을 해치거나 재물을 강제로 빼앗는 짓.

조선은 일본을 얕보았어요.
하지만 전쟁을 걱정하는 마음에 일본으로 사신을 보냈어요.
그런데 일본을 살펴보고 온 사신들의 말이 서로 달랐어요.

"정말 전쟁을 일으킬 모양입니다!"
"일본 따위가 어찌 중국을 노리겠습니까?
전쟁을 걱정할 필요는 없습니다."

선조는 이 말과 저 말을 저울질하다,
결국 전쟁은 일어나지 않을 거라고 결론 내렸습니다.

그런데 선조 25년 4월 13일, 일본이 조선으로 쳐들어왔습니다.
임진왜란이 시작되었어요.
일본군 5만 명이 조총이라는 새로운 무기를 들고 부산 앞바다에 나타났어요.
일본군은 단숨에 부산성을 함락하고, 동래성으로 달려갔어요.

"싸우고 싶지 않으면 길을 열어라!"

일본 장군 고니시가 요구했어요.

동래성을 지키던 송상현 장군은 조금도 물러서지 않았어요.

"싸우다 죽는 것은 쉬우나 적에게 길을 내주기는 어렵다!"

동래성 사람들은 온 힘을 다해 싸웠어요.
하지만 반나절 만에 함락되었고, 거의 모두 목숨을 잃고 말았습니다.

"전하! 전하! 큰일 났사옵니다! 전쟁이옵니다!"
"전하! 부산성이 함락되었습니다!"
"전하! 동래성이 함락되었습니다!"

한양으로 전쟁 소식이 날아들었습니다.
일본을 얕잡아 보며 마음 놓고 있던 조선군은 제대로 싸워 보지도 못했어요.
일본군은 거침없이 경상도를 휩쓸고 충청도를 거쳐
한양으로 달려오고 있었어요.

"아, 아무래도 안 되겠소. 한양을 떠나야겠소!"

선조는 한밤중에 몰래 한양을 빠져나갔어요.
겁에 질린 백성들을 내팽개치고, 왕의 가족과 높은 신하들만 도망쳤던 거예요.
북쪽으로 통하는 임진강을 건넌 다음에는,
아무도 따라오지 못하도록 나루터의 배를 모두 가라앉혀 버렸어요.
그렇게 조선의 왕과 신하들은 개성으로, 평양으로,
압록강 변의 의주까지 도망쳤어요.
중국으로 도망쳐야 하는 처지가 된 거였어요.

그런데 남쪽 바다는 사정이 달랐어요.
이순신 장군은 용맹한 병사들을 이끌고 일본군을 공격했어요.
일본군은 조선 수군을 보고 코웃음만 쳤어요.

"흥! 너희가 물고기 밥이 되고 싶은 모양이구나!"

그때 조선군의 배에서 함포가 터졌어요.
쾅! 쾅! 쾅!
포탄을 맞은 일본 배는 바다로 가라앉았어요.
조선의 거북선이 거침없이 다가가 일본 배에 세게 부딪혔어요.
쿵!

크고 튼튼한 조선 배의 공격에 일본 배들은
조각난 신세로 바다에 가라앉았어요.
간신히 공격을 피한 일본 배들은 도망치기 바빴어요.
이순신 장군은 싸울 때마다 승리를 거두었습니다.
일본은 더 이상 조선에 군사를 보내지도,
식량을 보내지도 못하게 되었어요.

스스로 군대를 만들어 일본군에 맞서는 사람들도 많았어요.
그런 사람들을 '의병'이라고 해요.

"우리 강산은 우리가 지킨다! 힘을 모아 적을 몰아내자!"

무기도 부족하고 병사도 많지 않았어요.
그렇지만 조선의 의병은 용맹하고 지혜로웠어요.
적들의 배가 지나갈 강바닥에 말뚝을 박아 두기도 하고,
길목에 숨어 있다 기습하기도 했어요.

경상도의 의병 대장 곽재우는 붉은 옷을 입고 싸워서
'홍의 대장'이라는 별명까지 붙었어요.
그리고 열 명의 병사에게 똑같이 붉은 옷을 입고 다니게 했지요.
일본군은 그 모습에 깜빡 속아 겁에 질렸어요.

"조, 조, 좀 전에 저기 있었는데! 언제 여기까지!"
"사, 사, 사람이냐? 귀, 귀신이냐?"

그 밖에도 김면, 정인홍, 고경명, 김천일, 최경회, 조헌…….
서산대사와 사명대사 같은 스님들도
나라를 위해 힘껏 싸웠어요.

조선은 더 이상 도망치지 않았어요.
명나라에서도 조선을 도우러 원군을 보냈어요.
사실 명나라군은 오히려 조선 사람을 괴롭히는 일이 더 많았지요.
그래도 일본군을 겁먹게 만들기는 했어요.
때마침 일본에서 뜻밖의 소식이 들려왔어요.

"도요토미 히데요시가 죽었다!"

조선에서 물러나라는 것이 도요토미 히데요시의 유언이었어요.

일본군은 조용히 물러나기 시작했어요.
7년간의 전쟁에 대해 조선에 사과를 하지도, 보상하지도 않았지요.
명나라는 오히려 일본을 감싸고 돌기만 했어요.
선조와 신하들은 명나라 눈치만 살피고 있었습니다.

그 소식을 듣고 이순신 장군은 크게 노했어요.

"우리 조선을 불바다로 만든 적들을 어찌 순순히 돌려보낸단 말이오?
나 이순신이 있는 한 일본군은 조선의 바다를 살아서 건너지 못할 것이오!"

이순신 장군과 병사들은 노량 앞바다로 나아갔어요.
조선군은 도망치는 일본 배를 차례로 격파했어요.
그런데 일본군이 쏜 총알 하나가 조선 배로 날아들었어요.
퍽!
이순신 장군이 가슴에 총을 맞고 쓰러졌어요.

"장군님!"

하지만 이순신 장군은 침착하게 말했어요.

"내 죽음을 알리지…… 마라. 꼭 이겨야 한다……."

장군의 소망대로 조선군은 큰 승리를 거두었어요.
이순신 장군은 그 자리에서 세상을 떠났습니다.

한산섬 달 밝은 밤에 수루에 홀로 앉아
큰 칼 옆에 차고 깊은 시름 하는 차에
어디서 일성호가는 남의 애를 끊나니…….

마침내 임진왜란이 끝났습니다.
7년 동안 수많은 병사가 목숨을 잃었어요.
무기를 든 적 없는 사람들도, 노인과 어린아이들도
일본군의 총검 아래 죽어 갔어요.
마을은 불타고 농토는 버려졌어요.
대궐도, 성도 무너져 버렸어요.
몇 년이 흐른 뒤, 선조는 세상을 떠났어요.

선조의 아들이 뒤를 이어 왕이 되었지만,
신하들에게 쫓겨나고 말았지요.
왕으로 불리지도 못하고 광해군이라는 이름으로 불리게 되었어요.
다음으로 인조가 새 왕이 되었어요.

그 무렵, 조선의 북쪽에 살던 여진족이 새 나라를 세웠어요.
여진족은 한곳에 머무르지 않고 가축과 함께 돌아다니는 사람들이었어요.
말을 잘 타고 힘든 일도 잘 견뎠어요.
그런 사람들을 유목 민족이라고 해요.
유목민들은 보통 모여서 한 나라를 이루지 않고 떠돌아다니며 살았어요.
그런데 여진족이 하나로 힘을 모아 나라를 세운 거예요.
나라의 이름은 '청'이라 했어요.

청나라의 첫 번째 황제 누르하치는 중국 땅을 모두 차지하고 싶었어요.
누르하치의 병사들은 용맹하고 강했어요.
중국을 충분히 이길 수 있었지요.
하지만 인조와 신하들은 청나라에 대해 이렇게만 생각했어요.

"흥! 나라를 세워 봤자 무식한 오랑캐들이지!"
"여진족 따위가 감히 중국에 맞설 순 없지!"

그런데 청나라에서 조선에 사신을 보내왔어요.

"조선은 이제 명나라와 관계를 끊고, 청나라의 아우가 되시오!"

청나라가 괜히 큰소리를 치는 게 아니었어요.
명나라는 힘을 잃어 가고 있었어요.
두 나라가 싸운다면 청나라가 이길 게 분명했어요.
중국 땅의 주인이 바뀌려 하고 있었어요.

하지만 인조는 청나라의 요구를 거절했어요.

"오랑캐들의 말 따위를 들어줄 수는 없노라!
전쟁을 하더라도 명나라를 따르겠노라!"

사실 조선에는 제대로 된 성도, 병사도, 무기도 없었어요.
괜히 큰소리만 치는 거였습니다.

"전하, 청나라는 우리 조선보다 강합니다.
다시금 백성들을 전쟁으로 몰아넣을 수는 없사옵니다."

최명길 같은 신하들은 다른 의견을 냈지만,
왕의 뜻을 꺾을 수 없었어요.

결국 인조 14년 12월, 청나라군이 꽁꽁 언 압록강을 건넜습니다.

병자호란이 시작되었어요.

청나라군은 일본군보다 더 빠르고 강했어요.

말을 탄 10만 대군이 하루 만에 개경까지 들이닥쳤어요.

곧장 한양까지 달려오고 있었어요.

인조는 허겁지겁 한양에서 도망쳤어요.

"강화도로 갑시다. 청나라군은 물에 약하니, 함부로 바다를 건너지 못할 것이오."

하지만 강에 닿기도 전에 청나라군에 길이 막히고 말았어요.
인조와 신하들은 급히 남한산성으로 들어갔어요.

때는 한겨울, 눈보라가 사납게도 몰아쳤어요.
눈송이처럼 무수한 청나라군이 남한산성을 겹겹이 에워쌌어요.
나가서 싸웠다간 패할 게 뻔했어요.
안에서 버텼다간 곧 식량이 바닥날 터였지요.
아직 의병들도 나서지 않았고, 명나라의 도움도 없었어요.
명나라는 스스로를 지키지도 못할 형편이었어요.

"이제 어쩌면 좋단 말이오?"

인조가 묻자, 신하들의 의견은 둘로 나뉘었어요.

"전하! 어찌 오랑캐들에게 항복하겠습니까? 끝까지 싸워야 합니다!"
"전하! 우리의 힘이 부족하니 지금은 항복할 때입니다.
그리고 다음을 기약해야 하옵니다."

결국 인조는 성문을 열었습니다.
왕의 옷을 입지도 못하고, 선비의 차림으로 성을 나섰어요.
청나라 황제 앞에 무릎 꿇었어요.
세 번 절하고 아홉 번 머리를 조아려 충성을 맹세했어요.

전쟁에 패배한 조선은 그만한 대가를 치러야 했어요.

"세자와 왕자를 볼모로 데려가겠소!
청나라와 맞서 싸우기를 주장했던 신하들도 끌고 가겠소!"

수많은 사람이 청나라로 끌려가 노비처럼 일했어요.
억지로 혼인을 한 사람들도 있었어요.
명나라와 싸우는 데 병사를 보내야 했고, 말과 무기도 내놓아야 했지요.
무엇이든 청나라가 원하는 대로 바쳐야 했어요.

김상헌이라는 신하는 청나라로 끌려가며 이런 노래를 남겼어요.

가노라 삼각산아 다시 보자 한강수야
고국산천을 떠나고자 할까마는
시절이 하 수상하니 올 동 말 동 하노라.

나라가 생겨난 지 이백여 년, 조선은 두 번의 큰 전쟁을 치렀습니다.
그때마다 왕은 백성을 버리고 도망쳤고, 대부분의 양반은 제 살 궁리만 했어요.
마을은 불에 타고 논밭은 버려졌어요.
백성들은 굶주리고 병들고 지쳤어요.
적군의 손에 목숨을 잃었어요.

조선은 처음의 모습이 아니었어요.

크게 다쳐 쓰러져 있었어요.

이대로 지낼 수는 없었어요.

용기를 내어 잘못을 바로잡고 새로운 나라를 만들어야 했어요.

조선이 새로 태어나야 할 때였습니다.

나의 첫 역사 여행

격전의 현장을 찾아서

동래성

임진년의 봄, 부산에 상륙한 일본군은 거센 파도와 같이 조선을 덮쳤어요.

부산성을 단숨에 함락하고 동래성으로 들이닥쳤어요.

동래성 사람들은 똘똘 뭉쳐 일본군에 맞서 싸우다 모두 목숨을 잃고 말았어요.

오늘날 부산광역시 동래구에 성터가 남아 있어요.

현종과 영조 때 세워진 기념비도 남아 있지요.

부산 지하철 4호선을 건설할 때

당시 숨진 동래성 사람들의 유골이 발견되기도 했답니다.

동래성 터의 북장대

현종이 세운 동래 남문비

부산시 문화 관광 ▼ tour.busan.go.kr
동래읍성 임진왜란 역사관 ▼

남한산성

삼전도비

남한산성의 남문

병자년의 겨울, 인조와 신하들은
청나라군을 피해 강화도로 가려 했어요.
하지만 그마저 길이 막혀 급히 남한산성으로 들어갔어요.
날씨는 춥고 식량은 부족한 때였어요.
한 달 넘게 버틴 끝에 인조는 세자와 신하들을 이끌고
성문을 열었어요.
청나라 황제 앞에 무릎을 꿇은 채 세 번 절하고
아홉 번 머리를 조아려 충성을 맹세했어요.
이 사건을 '삼전도의 굴욕'이라고 부른답니다.
오늘날의 남한산성은 가슴 아픈 과거는 모두 잊은 듯,
아름다운 산책로로 사람들을 맞이하고 있어요.

(남한산성 세계유산센터 ▼) www.gg.go.kr/namhansansung-2

전라 좌수영

(여수 관광 문화 ▼) www.yeosu.go.kr/tour

두 번의 전쟁에서 조선은 큰 상처를 입었지만, 언제나 패배한 것은 아니었어요.
임진왜란 동안 남쪽 바다에서는 승전의 나팔 소리가 크게 울리곤 했지요.
이순신 장군이 이끄는 전라 좌수영은 승리를 거듭했어요.
사과도, 보상도 없이 도망치는 일본군에게
끝까지 죄를 물은 것도 이순신 장군이었어요.
오늘날 전라남도 여수시에는 전라 좌수영이 머물렀던 진남관이 남아 있어요.
바로 그 아래쪽에는 아름다운 여수 앞바다가 보이는 이순신 광장도 있답니다.

여수의 진남관

이순신 광장

나의 첫 역사 클릭!

의로운 사람들, 의병

조선은 외적의 침입으로 여러 번 큰 위기를 겪었지만, 그때마다 의로운 이들이 떨쳐 일어나 나라를 위해 싸웠어요. 그런 사람들을 '의병'이라고 해요.
임진왜란이 터지자 경상도에서 전라도까지, 전라도에서 강원도까지, 양반부터 노비까지, 심지어 승려들까지 의병으로 나섰어요.
하지만 전쟁이 끝나자 선조와 신하들은 의병들의 공을 모른 척했어요.
공연한 죄를 뒤집어씌워 핍박하는 일도 있었어요.
그런데도 다시 병자호란이 일어나자 많은 사람이 의병으로 나섰어요.

권율 장군과 의병, 백성이 힘을 합쳐 싸운 '행주 대첩' 기록화

행주산성의 행주 대첩비

훗날 일본이 조선을 식민지로 삼으려 할 때도 의병들이 떨쳐 일어나
마지막까지 싸움을 계속했어요.
일본에 붙잡히거나 목숨을 잃은 의병 대장만 해도 100명이 넘는다고 해요.
함께 쓰러져 간 이름 없는 의병들의 숫자는 그보다 훨씬 많겠지요.
나라가 어려움에 처할 때마다 떨쳐 일어나는 의로운 사람들,
의병이야말로 우리의 가장 위대한 영웅들이에요.

곽재우와 의병들을 기리는 의령 의병탑

경상남도 의령의 의병 박물관

글 이현

세상 모든 것의 이야기가 궁금한 동화작가입니다. 우리나라 곳곳에 깃든 이야기를 찾아 어린이들의 첫 번째 역사책을 쓰고 있습니다. 그동안《짜장면 불어요》,《로봇의 별》,《악당의 무게》,《푸른 사자 와니니》,《플레이 볼》,《일곱 개의 화살》,《조막만 한 조막이》,《내가 하고 싶은 일, 작가》 등을 썼습니다. 제13회 전태일 문학상, 제10회 창비좋은어린이책 공모 대상, 제2회 창원아동문학상 등을 받았습니다.

그림 정인성·천복주

공동 작업을 하는 그림작가 부부입니다. 이곳저곳을 돌아다니며 보는 재미난 것들을 글로 쓰거나 그림으로 그리는 걸 좋아합니다. 홍익대학교 판화과를 졸업했습니다. 판화, 펜화, 포토샵 등 여러 가지 기법을 이용하여 그림을 그리고 있습니다. 그린 책으로《공을 뻥!》,《나누고 돕는 마을 공동체 이야기》,《행복한 어린이 농부》,《통합 지식 100 : 세계 유적지》,《용용 용을 찾아라》,《희망을 쏘아 올린 거북선》,《뱁새의 꿈》 등이 있습니다.

나의 첫 역사책 14 — 조선을 뒤흔든 두 번의 전쟁

1판 1쇄 발행일 2020년 1월 30일 | 1판 9쇄 발행일 2023년 1월 9일
글 이현 | **그림** 정인성·천복주 | **발행인** 김학원 | **기획** 이주은 박현혜 도아라 | **표지·본문 디자인** 유주현 한예슬
저자·독자 서비스 humanist@humanistbooks.com | **스캔** (주)로얄프로세스 | **용지** 화인페이퍼 | **인쇄** 삼조인쇄 | **제본** 영신사 | **사진 제공** 문화재청 한국관광공사
발행처 휴먼어린이 | **출판등록** 제313-2006-000161호(2006년 7월 31일) | **주소** (03991) 서울시 마포구 동교로23길 76(연남동)
전화 02-335-4422 | **팩스** 02-334-3427 | **홈페이지** www.humanistbooks.com

글 ⓒ 이현, 2020   그림 ⓒ 정인성·천복주, 2020
ISBN 978-89-6591-382-5 74910
ISBN 978-89-6591-332-0 74910(세트)

- 이 책은 저작권법에 따라 보호받는 저작물이므로 무단 전재와 무단 복제를 금합니다.
- 이 책의 전부 또는 일부를 이용하려면 반드시 저작권자와 휴먼어린이 출판사의 동의를 받아야 합니다.
- **사용연령 6세 이상** 종이에 베이거나 긁히지 않도록 조심하세요. 책 모서리가 날카로우니 던지거나 떨어뜨리지 마세요.